Copyright © 2024 by Michael Jablonski

50 Business Life Hacks: Wie du smarter und schneller zum Erfolg kommst

Michael Jablonski

Vorwort

Willkommen zu „50 Business Life Hacks: Wie du smarter arbeitest und schneller zum Erfolg kommst"!

In der heutigen Geschäftswelt reicht es nicht mehr aus, einfach nur hart zu arbeiten. Um wirklich erfolgreich zu sein, müssen wir smarter arbeiten – und genau darum geht es in diesem Buch. Es ist kein trockener Ratgeber voller langweiliger Theorie, sondern eine Sammlung praktischer, sofort umsetzbarer Tipps, die dir helfen, deinen Arbeitsalltag effizienter, produktiver und stressfreier zu gestalten.

Dieses Buch ist für alle, die nicht nur überleben, sondern in ihrem Beruf aufblühen wollen. Egal, ob du Unternehmer, junge Führungskraft oder Manager bist – jeder von uns steht täglich vor neuen Herausforderungen. Die Life Hacks in diesem Buch sind darauf ausgelegt, dir dabei zu helfen, diese Herausforderungen clever zu meistern.

Das Ziel ist einfach: Mit kleinen, aber wirkungsvollen Veränderungen kannst du große Erfolge erzielen. Hier geht es nicht um radikale Umbrüche, sondern um kleine, smarte Anpassungen, die dir mehr Zeit, Energie und Klarheit verschaffen. Und der beste Teil? Du kannst die meisten dieser Tipps sofort anwenden.

Ich möchte dich ermutigen, dieses Buch nicht als reine Lektüre zu betrachten, sondern als dein Werkzeugkasten für den Business-Alltag. Blättere es immer wieder durch, wenn du nach Lösungen suchst oder neue Impulse brauchst. Vielleicht reicht ein kleiner Tipp, um deinen

Arbeitstag nachhaltig zu verbessern – und das ist das Ziel.

Du bist bereit, das Beste aus dir herauszuholen? Dann lass uns gemeinsam anfangen, smarter statt härter zu arbeiten und beherzige dabei besonders den letzten Hack. Viel Spaß und Erfolg auf deinem Weg!

Auf einen erfolgreichen Weg,

Michael Jablonski

Hack 1: Die 5-Minuten-Regel für schnelle Entscheidungen

Entscheidungen sind das Herzstück jedes erfolgreichen Unternehmens, aber zu viele Manager verschwenden unnötig viel Zeit damit, einfache Entscheidungen hinauszuzögern. Hier kommt die 5-Minuten-Regel ins Spiel: Wenn eine Entscheidung in weniger als fünf Minuten getroffen werden kann, tu es sofort.

Warum das funktioniert:
Die 5-Minuten-Regel hilft, unnötige Denkprozesse zu eliminieren. Oft grübeln wir über Kleinigkeiten, die nicht viel Bedenkzeit erfordern, während sich wirklich wichtige Entscheidungen aufstauen. Durch das schnelle Treffen kleiner Entscheidungen bleibt der Kopf frei für die strategischen und wichtigen Fragen des Geschäfts.

So setzt du es um:

Setze dir bei jeder kleinen Entscheidung einen Timer auf fünf Minuten.

Nutze diese Zeit, um Fakten abzuwägen, aber verzettle dich nicht. Denk daran, dass die meisten Entscheidungen umkehrbar sind und keine ewigen Folgen haben.

Triff nach Ablauf der fünf Minuten deine Entscheidung – und gehe sofort zur nächsten Aufgabe über.

Mit der 5-Minuten-Regel verhinderst du, dass dich kleine Entscheidungen blockieren, und machst Raum für die wirklich wichtigen Aufgaben in deinem Arbeitstag.

Hack 2: Die 2-Minuten-E-Mail-Regel – Mehr erledigen in kürzerer Zeit

Wir alle kennen das Problem: E-Mails können uns stundenlang vom Wesentlichen abhalten, und doch müssen sie beantwortet werden. Die 2-Minuten-Regel für E-Mails hilft dir, dein Postfach effizienter zu managen.

Die Regel lautet: Jede E-Mail, die du in weniger als zwei Minuten beantworten kannst, erledigst du sofort.

Warum das funktioniert:
E-Mails, die länger im Postfach bleiben, werden mental zur Belastung. Anstatt dich von einer Flut an Nachrichten erdrücken zu lassen, reduzierst du deinen mentalen Ballast, indem du schnelle Antworten sofort schickst und unnötiges Aufschieben vermeidest.

So setzt du es um:

Nimm dir zu Beginn und am Ende des Tages jeweils 20 Minuten Zeit, um dein Postfach zu durchforsten.

Beantworte jede E-Mail, die in weniger als zwei Minuten erledigt werden kann, sofort. Alles, was länger dauert, plane ein oder delegiere.

Schließe dein Postfach außerhalb dieser Zeiten, um dich auf die wirklich wichtigen Aufgaben zu konzentrieren.

Mit dieser Methode wirst du weniger Zeit in deinem Postfach verbringen und gleichzeitig effektiver kommunizieren.

Hack 3: Das "80%-Genug-Prinzip" – Perfektionismus loslassen

Perfektion ist der Feind von Fortschritt. In der Geschäftswelt kann es kontraproduktiv sein, nach Perfektion zu streben. Das 80%-Genug-Prinzip hilft dir, schneller voranzukommen, indem du entscheidest, wann „gut genug" wirklich gut genug ist.

Warum das funktioniert:
Es ist erwiesen, dass die letzten 20% des Perfektionismus oft den größten Zeitaufwand verursachen – ohne dabei signifikant zum Endergebnis beizutragen. Statt auf das perfekte Resultat zu warten, reicht es oft aus, eine solide Lösung abzuliefern, die den Job erledigt.

So setzt du es um:

Setze dir bei Projekten ein Limit – z. B. 80% Perfektion – und ziehe dann einen Schlussstrich.

Frage dich: „Erfüllt diese Arbeit ihren Zweck?" Wenn ja, beende sie.

Nutze die freigewordene Zeit, um dich neuen Aufgaben zu widmen, die echten Fortschritt bringen.

Durch das Loslassen von Perfektion kannst du produktiver werden und verhindern, dass du in unwichtigen Details stecken bleibst.

Hack 4: Der 3-Kontakte-Trick für Networking-Events

Networking-Events können überwältigend sein, besonders wenn man sich mit Dutzenden von Menschen unterhält und versucht, in kurzer Zeit viele Kontakte zu knüpfen. Der 3-Kontakte-Trick sorgt dafür, dass du nicht nur Quantität, sondern auch Qualität in deine Networking-Strategie bringst.

Warum das funktioniert:
Anstatt dich auf die Anzahl der gesammelten Visitenkarten zu konzentrieren, fokussierst du dich auf den Aufbau tieferer Verbindungen. Drei hochwertige Kontakte pro Event reichen aus, um dein Netzwerk nachhaltig zu erweitern.

So setzt du es um:

Setze dir bei jedem Event das Ziel, drei wertvolle Gespräche zu führen, anstatt möglichst viele flüchtige Kontakte zu sammeln.

Nimm dir Zeit für jedes Gespräch und versuche, eine echte Verbindung herzustellen, indem du gemeinsame Interessen oder Anknüpfungspunkte findest.

Folge nach dem Event innerhalb von 48 Stunden mit einer kurzen Nachricht oder E-Mail nach, um die Verbindung zu festigen.

Mit diesem Trick wirst du deine Networking-Events gezielter und effektiver nutzen – und langfristige Beziehungen aufbauen, die deinem Business helfen.

Hack 5: Die „Nicht-Stören"-Stunden – Maximale Konzentration durch Fokuszeiten

Ablenkungen sind einer der größten Produktivitätskiller im modernen Arbeitsalltag. Die „Nicht-Stören"-Stunden helfen dir, deine Arbeitszeit so zu strukturieren, dass du ungestört an wichtigen Projekten arbeiten kannst.

Warum das funktioniert:
Durch die Einführung fester Zeiten, in denen du dich völlig von Meetings, E-Mails und Telefonaten abschottest, kannst du in den „Flow" kommen – einen Zustand maximaler Produktivität. Diese Zeitfenster sind entscheidend, um tiefe, fokussierte Arbeit zu leisten und größere Fortschritte zu machen.

So setzt du es um:

Blockiere dir in deinem Kalender täglich mindestens 1-2 Stunden, in denen du nicht gestört wirst. Nutze diese Zeit ausschließlich für deine wichtigsten Aufgaben.

Schalte alle Benachrichtigungen auf deinem Computer und Smartphone aus. Setze deinen Status auf „Nicht stören".

Informiere deine Kollegen, dass du während dieser Zeit nicht verfügbar bist, und nutze sie für tiefe, konzentrierte Arbeit.

Diese fokussierten Stunden sind besonders hilfreich, um wichtige Projekte oder kreative Arbeiten voranzutreiben – und um das Gefühl zu vermeiden, ständig „unterbrochen" zu werden.

Hack 6: Die „Zwei-Buchstaben-Nein"-Technik – Sag freundlich und effizient „Nein"

In der Geschäftswelt werden wir oft von Anfragen überhäuft. Zu allem „Ja" zu sagen, führt dazu, dass wir uns übernehmen und die wirklich wichtigen Aufgaben aus den Augen verlieren. Die „Zwei-Buchstaben-Nein"-Technik hilft dir, höflich, aber bestimmt Nein zu sagen, ohne deine Beziehungen zu gefährden.

Warum das funktioniert:
Viele Menschen haben Angst, Nein zu sagen, weil sie befürchten, unhöflich oder unkooperativ zu wirken. Doch das bewusste Setzen von Grenzen ist entscheidend, um sich nicht zu überfordern und den Fokus auf die eigenen Prioritäten zu behalten.

So setzt du es um:

Wenn dich jemand um etwas bittet, das nicht zu deinen Prioritäten gehört, antworte höflich, aber bestimmt: „Nein, leider nicht."

Halte deine Antwort kurz und sachlich. Vermeide lange Erklärungen oder Ausreden, die schwach wirken könnten.

Optional: Biete eine Alternative oder einen späteren Zeitpunkt an, wenn das wirklich möglich ist.

Diese Technik spart dir Zeit und Energie, da du freundlich und effizient Nein sagen kannst, ohne dich in langen Erklärungen zu verlieren.

Hack 7: Die „Morgen-Routine der Champions" – Starte produktiv in den Tag

Viele der erfolgreichsten Menschen haben eine feste Morgenroutine, die sie jeden Tag konsequent durchziehen. Mit einer gut strukturierten Morgen-Routine kannst auch du deinen Tag produktiv und fokussiert beginnen.

Warum das funktioniert:
Eine feste Routine am Morgen gibt deinem Tag Struktur und hilft dir, produktiv in die Arbeit einzusteigen. Sie minimiert Entscheidungsprozesse und schafft Klarheit, sodass du dich voll auf deine wichtigsten Aufgaben konzentrieren kannst.

So setzt du es um:

Plane deine erste Stunde des Tages genau. Beginne mit einer Aktivität, die dich in Schwung bringt, sei es Sport, Lesen oder ein kurzes Stretching.

Nutze die Zeit, um die wichtigsten Aufgaben des Tages zu identifizieren (z. B. mit der Ivy-Lee-Methode, die du in einem früheren Hack kennengelernt hast).

Schalte Ablenkungen wie Handy und soziale Medien aus, bis du die ersten 90 Minuten fokussiert gearbeitet hast.

Eine klare Morgenroutine kann der Schlüssel sein, um bereits früh am Tag erfolgreich und produktiv zu sein.

Hack 8: Die 3-Tool-Regel – Weniger Technik, mehr Fokus

Im digitalen Zeitalter stehen uns unzählige Tools zur Verfügung, doch oft verzetteln wir uns und verlieren den Überblick. Die 3-Tool-Regel hilft dir, deine technische Ausrüstung im Berufsalltag zu optimieren und auf das Wesentliche zu reduzieren.

Warum das funktioniert:
Wenn du dich auf eine überschaubare Anzahl von Tools beschränkst, kannst du dich intensiver mit diesen befassen und sie effizienter nutzen. Außerdem vermeidest du das ständige Wechseln zwischen verschiedenen Plattformen und kannst deine Arbeitsabläufe straffen.

So setzt du es um:

Wähle drei zentrale Tools aus, die du für deinen Arbeitsalltag benötigst. Beispiele: ein Kommunikations-Tool (z. B. Slack), ein Projektmanagement-Tool (z. B. Trello) und ein Dokumentenmanagement-Tool (z. B. Google Drive).

Schalte alle nicht-essentiellen Tools aus und konzentriere dich darauf, deine drei Kern-Tools optimal zu nutzen.

Überprüfe regelmäßig, ob diese Tools noch effektiv sind oder ob du optimieren kannst.

Mit der 3-Tool-Regel vermeidest du das „Tool-Chaos" und arbeitest effizienter.

Hack 9: Tastenkombinationen meistern – Der Turbo fürs Arbeiten

Jeder kennt Tastenkombinationen wie „Strg+C" zum Kopieren oder „Strg+V" zum Einfügen, doch viele übersehen, wie viel Zeit sich durch das Erlernen weiterer Shortcuts sparen lässt. Nutze Tastenkombinationen als Beschleuniger deiner täglichen Arbeit.

Warum das funktioniert:
Tastenkombinationen ermöglichen dir, deine Aufgaben schneller und flüssiger zu erledigen, ohne ständig zur Maus greifen zu müssen. Das spart wertvolle Sekunden, die sich im Laufe des Tages summieren.

So setzt du es um:

Lerne die wichtigsten Tastenkombinationen für die von dir genutzten Programme. Fokus auf Textbearbeitung, Navigation und schnelle Befehle.

Erstelle eine Liste der Shortcuts, die für dich am relevantesten sind, und platziere sie sichtbar an deinem Arbeitsplatz.

Setze dir das Ziel, jeden Tag eine neue Kombination aktiv zu nutzen, bis sie zur Gewohnheit wird.

Mit der Zeit wirst du feststellen, dass du Arbeitsprozesse erheblich beschleunigen kannst, was besonders bei wiederkehrenden Aufgaben wie E-Mail-Management oder Textbearbeitung von großem Nutzen ist.

Hack 10: Der „Posteingang-Null"-Ansatz – E-Mails effizient verwalten

Dein E-Mail-Postfach kann schnell zur unendlichen Aufgabenliste werden, wenn du es nicht im Griff hast. Der Posteingang-Null-Ansatz ist eine Methode, um dein Postfach regelmäßig leer und organisiert zu halten, sodass du dich auf das Wesentliche konzentrieren kannst.

Warum das funktioniert:
Ein überfüllter Posteingang erzeugt mentalen Stress und lenkt von wichtigen Aufgaben ab. Mit dem Ziel, den Posteingang täglich auf „Null" zu reduzieren, minimierst du Ablenkungen und behältst den Überblick.

So setzt du es um:

Sortiere deine E-Mails nach dem Prinzip „Löschen, Delegieren, Bearbeiten, Warten oder Archivieren". Jede E-Mail wird in eine dieser Kategorien eingeordnet.

Verwalte deine E-Mails in regelmäßigen Abständen, z. B. zweimal täglich (morgens und nachmittags), statt sie ständig nebenbei zu checken.

Nutze Ordner oder Labels, um wichtige E-Mails direkt abzuspeichern, und archiviere abgeschlossene Konversationen sofort.

Mit diesem Ansatz wirst du dich nicht mehr in deinem Posteingang verlieren, sondern proaktiv und organisiert mit deiner E-Mail-Flut umgehen.

Hack 11: Der „1-Klick-Ordner" – Dateimanagement leicht gemacht

Unzählige Dateien auf dem Desktop oder chaotisch in verschiedenen Ordnern verteilt? Das führt nicht nur zu Frust, sondern kostet auch unnötig viel Zeit. Mit dem 1-Klick-Ordner behältst du die Übersicht und sparst Zeit beim Suchen.

Warum das funktioniert:
Ein zentraler Ordner mit nur einem Klick erreichbar reduziert den Stress, ständig nach wichtigen Dateien zu suchen. Das Dateimanagement wird vereinfacht, und du schaffst dir einen klaren Arbeitsbereich.

So setzt du es um:

Erstelle einen Ordner auf deinem Desktop, den du z. B. „Schnellzugriff" nennst. Hier kommen alle Dateien, an denen du gerade arbeitest, hinein.

Sobald ein Projekt abgeschlossen ist, verschiebe die Dateien in den jeweiligen Archivordner oder in ein Cloud-System.

Lösche regelmäßig überflüssige Dateien, damit der „1-Klick-Ordner" übersichtlich bleibt.

Durch diesen einfachen Trick hast du jederzeit alle wichtigen Dokumente griffbereit und sparst dir Zeit, die du sonst mit Suchen vergeuden würdest.

Hack 12: „Batching" von Aufgaben – Multitasking vermeiden, Fokus fördern

Multitasking ist einer der größten Produktivitätskiller. Oft glauben wir, mehrere Dinge gleichzeitig tun zu müssen, doch die Qualität und Effizienz leiden darunter. Die Technik des Batching (Bündelns von Aufgaben) hilft dir, ähnliche Aufgaben zusammenzufassen und konzentrierter zu arbeiten.

Warum das funktioniert:
Batching reduziert die Zeit, die du mit dem Wechsel zwischen unterschiedlichen Aufgaben verlierst. Indem du ähnliche Tätigkeiten bündelst und in einem Rutsch erledigst, kommst du schneller voran und hast weniger mentale Belastung.

So setzt du es um:

Gruppiere ähnliche Aufgaben wie E-Mails beantworten, Telefonate führen oder Recherchearbeiten durchführen.

Setze dir feste Zeitblöcke am Tag, in denen du dich nur auf eine bestimmte Art von Aufgabe konzentrierst (z. B. 30 Minuten nur E-Mails beantworten).

Vermeide in dieser Zeit jegliche Ablenkungen oder den Wechsel zu anderen Aufgaben, bis der Block abgeschlossen ist.

Mit Batching erreichst du mehr in kürzerer Zeit und bewahrst dir den Fokus auf die aktuelle Tätigkeit, ohne dich zu verzetteln.

Hack 13: Die „Drei-Monats-Review" – Regelmäßige Reflexion für nachhaltigen Erfolg

In der Geschäftswelt neigen wir dazu, von einem Projekt zum nächsten zu hetzen, ohne innezuhalten und über unsere Fortschritte nachzudenken. Die Drei-Monats-Review ist ein kraftvolles Tool, um regelmäßig zu reflektieren, was gut läuft und was verbessert werden kann.

Warum das funktioniert:
Regelmäßige Reflexion gibt dir die Möglichkeit, Kurskorrekturen vorzunehmen und sicherzustellen, dass du auf dem richtigen Weg bist. Du erkennst, welche Strategien funktionieren, und kannst diese beibehalten oder optimieren.

So setzt du es um:

Setze dir alle drei Monate eine Stunde Zeit, um deine Ziele und Fortschritte zu reflektieren.

Beantworte dir selbst drei Fragen:

Was habe ich in den letzten drei Monaten erreicht?

Was hätte besser laufen können?

Welche Ziele will ich in den nächsten drei Monaten verfolgen?

Passe deine Arbeitsweise oder deine Ziele entsprechend der Erkenntnisse an.

Mit dieser Methode schaffst du einen regelmäßigen Rhythmus der Selbstreflexion, der dir hilft, langfristig fokussiert und erfolgreich zu bleiben.

Hack 14: Der „Meeting-Check-In" – Effizienter in Besprechungen starten

Meetings können Zeitfresser sein, besonders wenn sie schlecht strukturiert sind oder zu viel Small Talk beinhalten. Der Meeting-Check-In sorgt dafür, dass Meetings effizienter starten und alle Teilnehmer schnell auf den Punkt kommen.

Warum das funktioniert:
Ein klarer, fokussierter Einstieg hilft, das Meetingziel von Anfang an festzulegen und Ablenkungen zu minimieren. So können Besprechungen kürzer und produktiver ablaufen, da jeder Teilnehmer direkt weiß, worum es geht.

So setzt du es um:

Beginne jedes Meeting mit einem kurzen „Check-In", bei dem alle Teilnehmer in maximal 30 Sekunden ihr Ziel oder Anliegen für das Meeting äußern.

Der Moderator stellt sicher, dass die wichtigsten Themen direkt auf den Tisch kommen und keine Zeit mit irrelevanten Themen verschwendet wird.

Halte diesen Check-In kurz und prägnant – er dient nur dazu, Klarheit zu schaffen, damit das Meeting zielgerichtet verläuft.

Mit dieser Technik wirst du merken, dass Meetings schneller und zielorientierter ablaufen, weil alle Beteiligten von Beginn an auf das Wesentliche fokussiert sind.

Hack 15: Die „90-Minuten-Regel" – Fokussiertes Arbeiten in Intervallen

Unsere Konzentration hat eine natürliche Obergrenze, nach der die Produktivität rapide abnimmt. Mit der 90-Minuten-Regel arbeitest du in klaren Zeitintervallen, die deine Produktivität aufrechterhalten und dich dabei nicht ausbrennen lassen.

Warum das funktioniert:
Das menschliche Gehirn kann etwa 90 Minuten konzentriert arbeiten, bevor es eine Pause braucht. Indem du bewusst nach 90 Minuten einen Break einlegst, erhöhst du deine Gesamtproduktivität und vermeidest Überarbeitung.

So setzt du es um:

Plane deinen Tag in 90-Minuten-Blöcken, in denen du dich voll und ganz auf eine Aufgabe konzentrierst.

Nach jedem Block machst du eine Pause von 15–20 Minuten, in der du etwas völlig anderes tust – idealerweise etwas, das deine Augen oder deinen Geist entlastet.

Nutze Tools oder einen Timer, um die 90 Minuten einzuhalten und nicht über deine Leistungsgrenze hinauszuarbeiten.

Diese einfache Regel hilft dir, den Tag klar zu strukturieren und deine Arbeit in machbare Einheiten zu teilen, was langfristig zu mehr Energie und Produktivität führt.

Hack 16: Die „Delegier-Checkliste" – Aufgaben effektiv abgeben

Eine der größten Herausforderungen für Manager und Führungskräfte ist es, Aufgaben zu delegieren. Doch das effektive Delegieren von Aufgaben ist der Schlüssel, um sich auf das Wesentliche zu konzentrieren. Mit der Delegier-Checkliste stellst du sicher, dass Aufgaben richtig und zielgerichtet weitergegeben werden.

Warum das funktioniert:
Viele Menschen haben Schwierigkeiten, Aufgaben loszulassen, weil sie fürchten, dass sie nicht richtig erledigt werden. Eine klare Checkliste hilft dabei, Verantwortung zu übertragen, ohne dass Qualität oder Kontrolle verloren gehen.

So setzt du es um:

Überprüfe, ob die Aufgabe wirklich delegierbar ist, indem du diese Fragen stellst:

Kann jemand anderes diese Aufgabe erledigen, ohne dass mein Eingreifen erforderlich ist?

Hat der Empfänger die nötigen Ressourcen, um die Aufgabe erfolgreich zu erfüllen?

Gib klare Anweisungen, die den gewünschten Endzustand und die Frist genau beschreiben.

Biete bei Bedarf Unterstützung oder Klärung an, aber vermeide Mikromanagement.

Mit einer klaren Checkliste wird Delegieren einfacher und effektiver, und du hast den Kopf frei für strategische Aufgaben.

Hack 17: Die „Zwei-Minuten-Übung" – Stress abbauen in Sekunden

Stress gehört zum Business-Alltag dazu, aber die Kunst besteht darin, schnell einen klaren Kopf zu bekommen. Die Zwei-Minuten-Übung ist eine einfache, aber effektive Technik, um sofort Stress abzubauen und wieder klar zu denken.

Warum das funktioniert:
Stress blockiert oft unsere Konzentration und Kreativität. Durch gezielte Atemübungen und bewusstes Entspannen kannst du deinen Körper und Geist in kurzer Zeit beruhigen, bevor du in stressigen Situationen unüberlegte Entscheidungen triffst.

So setzt du es um:

Nimm dir zwei Minuten Zeit, um dich zu entspannen. Schließe die Augen, atme tief ein und zähle dabei bis vier.

Halte die Luft kurz an und atme langsam aus, während du bis sechs zählst.

Wiederhole diesen Zyklus vier- bis fünfmal, bis du merkst, dass dein Puls sich verlangsamt und du wieder klarer denken kannst.

Diese schnelle Übung lässt sich praktisch überall durchführen – im Büro, vor einem wichtigen Meeting oder sogar während eines Telefonats – und sorgt dafür, dass du deinen Stresslevel sofort senken kannst.

Hack 18: Die „Trello-Vorlagen" – Smarte Projektorganisation mit wenigen Klicks

Projektmanagement-Tools wie Trello können echte Zeitretter sein, aber oft nutzen wir nicht alle Funktionen, die sie bieten. Mit Trello-Vorlagen kannst du deine Projekte schneller starten und wiederkehrende Aufgaben einfach organisieren.

Warum das funktioniert:
Vorlagen sparen Zeit, indem sie dir eine strukturierte Ausgangsbasis für ähnliche Projekte geben. So musst du nicht jedes Mal von Grund auf neu anfangen, sondern kannst bewährte Strukturen wiederverwenden.

So setzt du es um:

Erstelle Trello-Vorlagen für regelmäßig wiederkehrende Projekte oder Aufgaben (z. B. Kundenprojekte, Marketingpläne oder Eventplanung).

Definiere Karten und Listen, die alle Schritte und Aufgaben enthalten, die immer wieder vorkommen, und speichere diese als Vorlage ab.

Nutze diese Vorlagen, um neue Projekte schnell zu starten und Aufgaben effizient zu verteilen, ohne jedes Mal das Rad neu erfinden zu müssen.

Vorlagen sorgen dafür, dass du dich auf das Wesentliche konzentrieren kannst, während die grundlegende Organisation im Hintergrund läuft.

Hack 19: „Nein, aber..." – Diplomatisch ablehnen und Alternativen anbieten

Es ist wichtig, Aufgaben abzulehnen, wenn sie nicht in deinen Verantwortungsbereich oder Zeitrahmen passen. Doch einfach „Nein" zu sagen, kann manchmal zu Konflikten führen. Mit dem Ansatz „Nein, aber..." lehnst du freundlich ab, bietest aber gleichzeitig Alternativen an.

Warum das funktioniert:
Dieser Trick hilft dir, Grenzen zu setzen, ohne dass sich dein Gegenüber vor den Kopf gestoßen fühlt. Du sagst nicht einfach „Nein", sondern eröffnest andere Möglichkeiten, die dem Anliegen gerecht werden, ohne dich zu überlasten.

So setzt du es um:

Wenn eine Anfrage nicht zu deinen Prioritäten passt, sage: „Nein, ich kann das nicht übernehmen, aber vielleicht wäre [Kollege X] eine gute Alternative" oder „Nein, aber ich könnte nächste Woche Zeit dafür haben".

Biete immer eine konstruktive Lösung an, die das Problem des anderen löst, ohne deine eigene Zeit zu gefährden.

Behalte dabei deine eigenen Prioritäten im Auge und bleibe höflich, aber bestimmt.

Mit dieser Technik bist du in der Lage, höflich abzulehnen, während du dennoch hilfreich und lösungsorientiert bleibst.

Hack 20: Der „5-Minuten-Vorbereitungstrick" – Immer gut vorbereitet ins Meeting

Oft sind Meetings ineffektiv, weil die Teilnehmer unvorbereitet erscheinen und wertvolle Zeit damit vergeuden, sich in Themen einzuarbeiten. Mit dem 5-Minuten-Vorbereitungstrick kannst du sicherstellen, dass du schnell auf den Punkt kommst und jedes Meeting effizient nutzt.

Warum das funktioniert:
Oft braucht es keine stundenlange Vorbereitung, sondern nur eine kurze, konzentrierte Vorarbeit, um Meetings erfolgreich zu gestalten. Mit fünf Minuten fokussierter Vorbereitung kannst du deine Gedanken ordnen, relevante Informationen parat haben und klarer kommunizieren.

So setzt du es um:

Nimm dir vor jedem Meeting genau fünf Minuten Zeit, um die wichtigsten Punkte durchzugehen. Was sind deine Ziele? Welche Fragen musst du klären?

Schreibe dir die drei wichtigsten Themen oder Fragen auf, die du im Meeting ansprechen willst.

Überlege dir einen kurzen Fahrplan, wie du das Meeting möglichst effizient gestalten kannst.

Mit dieser kurzen Vorbereitung gehst du selbstbewusst und zielgerichtet in jedes Meeting und sparst dir und den anderen Teilnehmern wertvolle Zeit.

Hack 21: „Pomodoro-Technik" – Produktivität in 25-Minuten-Einheiten

Die Pomodoro-Technik ist eine der bekanntesten Methoden, um produktiv zu arbeiten, ohne sich zu überfordern. Sie teilt deinen Arbeitstag in kurze, konzentrierte Phasen auf, gefolgt von kurzen Pausen, die dir helfen, fokussiert zu bleiben.

Warum das funktioniert:
Kurze, intensive Arbeitsphasen von 25 Minuten – gefolgt von einer 5-minütigen Pause – sorgen dafür, dass du dich ohne Ablenkungen auf deine Aufgaben konzentrierst und gleichzeitig regelmäßig Pausen machst, um deine Energie aufzufrischen.

So setzt du es um:

Stelle einen Timer auf 25 Minuten und arbeite in dieser Zeit an einer klar definierten Aufgabe, ohne Unterbrechungen.

Nach 25 Minuten machst du eine 5-minütige Pause. In dieser Zeit solltest du aufstehen, dich bewegen oder kurz entspannen.

Wiederhole den Zyklus viermal und mache dann eine längere Pause von 15-30 Minuten.

Die Pomodoro-Technik hilft dir, lange Arbeitsphasen zu strukturieren und gleichzeitig sicherzustellen, dass du regelmäßig Pausen machst, um deine Energie aufrechtzuerhalten.

Hack 22: Die „E-Mail-Batch-Methode" – Postfach effektiv managen

Ständige E-Mail-Benachrichtigungen können enorm ablenken und dein Arbeitstempo bremsen. Mit der E-Mail-Batch-Methode verwaltest du dein Postfach effizienter, indem du feste Zeiten festlegst, in denen du deine E-Mails bearbeitest.

Warum das funktioniert:
Anstatt ständig in Echtzeit auf E-Mails zu reagieren, bündelst du die Bearbeitung und reduzierst so die Unterbrechungen während des Arbeitstages. So behältst du die Kontrolle über dein Postfach und wirst nicht zum Sklaven deiner E-Mail-Benachrichtigungen.

So setzt du es um:

Lege zwei bis drei feste Zeiten am Tag fest, um deine E-Mails zu checken und zu bearbeiten (z. B. morgens, mittags und kurz vor Feierabend).

Schalte in der Zwischenzeit alle E-Mail-Benachrichtigungen aus, um Ablenkungen zu vermeiden.

Arbeite deine E-Mails in diesen Zeitblöcken konzentriert ab und verfolge die „Zwei-Minuten-Regel": Was in zwei Minuten beantwortet werden kann, erledige sofort.

Mit dieser Methode wirst du deine E-Mail-Flut besser kontrollieren und gleichzeitig produktiver an deinen Hauptaufgaben arbeiten können.

Hack 23: „Inbox Zero" – Stressfreier Umgang mit E-Mails

Das Ziel von Inbox Zero ist es, dein E-Mail-Postfach regelmäßig leer zu haben. Das mag auf den ersten Blick schwierig erscheinen, ist aber eine der besten Methoden, um mentalen Stress abzubauen und die Kontrolle über dein digitales Leben zurückzugewinnen.

Warum das funktioniert:
Ein überfülltes Postfach signalisiert unbewusst immer wieder unerledigte Aufgaben. Inbox Zero hilft dir, klarer zu denken und Prioritäten zu setzen, indem du regelmäßig dein Postfach leerst und Aufgaben sofort erledigst oder delegierst.

So setzt du es um:

Arbeite E-Mails nach dem Prinzip „löschen, delegieren, archivieren oder bearbeiten" ab.

Alles, was in unter zwei Minuten erledigt werden kann, wird sofort beantwortet.

E-Mails, die mehr Zeit in Anspruch nehmen, kommen auf eine separate Aufgabenliste oder werden terminiert.

Diese Methode sorgt dafür, dass du nicht ständig von E-Mails überwältigt wirst und dich auf die wirklich wichtigen Aufgaben konzentrieren kannst.

Hack 24: „Fokus-Ritual" – Den Arbeitstag gezielt starten

Wie du deinen Tag beginnst, bestimmt oft deinen gesamten Arbeitsrhythmus. Mit einem kurzen Fokus-Ritual stellst du sicher, dass du den Tag klar und produktiv beginnst, anstatt dich von E-Mails und Ablenkungen vereinnahmen zu lassen.

Warum das funktioniert:
Ein kleines Morgenritual – sei es eine kurze Reflexion, das Schreiben einer To-Do-Liste oder eine Meditation – hilft dir, den Tag mit einer klaren Ausrichtung zu beginnen und direkt in die wichtigsten Aufgaben einzutauchen.

So setzt du es um:

Nimm dir morgens 5–10 Minuten Zeit, um den Tag zu planen. Überlege dir, was die wichtigsten Aufgaben sind, die du erledigen willst.

Notiere diese Aufgaben auf einer To-Do-Liste oder in einem Planer und priorisiere sie.

Vermeide es, den Tag mit E-Mails oder sozialen Medien zu starten – konzentriere dich stattdessen auf deine eigene Agenda.

Dieses einfache Ritual sorgt dafür, dass du den Tag produktiv und fokussiert beginnst und nicht von äußeren Faktoren getrieben wirst.

Seite

Hack 25: „One-Thing-Fokus" – Wichtige Aufgaben vorantreiben

Statt dich von vielen kleinen Aufgaben ablenken zu lassen, konzentriere dich auf die eine Sache, die den größten Unterschied in deinem Arbeitsalltag ausmacht. Der One-Thing-Fokus hilft dir, Prioritäten zu setzen und die wirklich wichtigen Projekte voranzutreiben.

Warum das funktioniert:
Oft verzetteln wir uns im Kleinkram und verlieren den Überblick über die großen, wichtigen Aufgaben. Wenn du dich auf nur eine zentrale Aufgabe konzentrierst, erreichst du mehr, weil du tief in die Arbeit eintauchst und deine gesamte Energie darauf fokussierst.

So setzt du es um:

Identifiziere die eine Aufgabe, die an diesem Tag am meisten Einfluss auf dein Geschäft oder deine Arbeit hat.

Konzentriere dich für mindestens 90 Minuten nur auf diese Aufgabe, ohne Ablenkungen oder Multitasking.

Erst wenn diese Aufgabe erledigt ist, wendest du dich anderen Dingen zu.

Dieser Hack hilft dir, die wirklich wichtigen Projekte zu priorisieren und deine Zeit effektiv zu nutzen.

Hack 26: „Das 3-Listen-Prinzip" – Klarheit im Aufgabenchaos

Viele To-Do-Listen werden endlos lang und dadurch überwältigend. Mit dem 3-Listen-Prinzip bekommst du Klarheit und Struktur in deine Aufgaben, indem du sie in drei Kategorien unterteilst: Prioritäten, laufende Aufgaben und zukünftige Projekte.

Warum das funktioniert:
Indem du deine Aufgaben in klare Kategorien aufteilst, erhältst du einen besseren Überblick und kannst dich auf das konzentrieren, was wirklich wichtig ist. Das schafft mentale Ruhe und vermeidet Stress durch endlose Listen.

So setzt du es um:

Liste 1: Prioritäten – Aufgaben, die du heute erledigen musst.

Liste 2: Laufende Aufgaben – Aufgaben, die im Hintergrund laufen oder in Arbeit sind, aber nicht sofortige Aufmerksamkeit benötigen.

Liste 3: Zukünftige Projekte – Ideen und Projekte, die du in der Zukunft angehen willst, aber noch nicht sofort umsetzen musst.

Diese klare Struktur sorgt dafür, dass du nie den Überblick verlierst und dich auf das Wesentliche fokussieren kannst.

Hack 27: „Das 2-Minuten-Gespräch" – Effektive Kommunikation im Team

In der modernen Arbeitswelt nehmen endlose Meetings und lange Diskussionen oft unnötig viel Zeit in Anspruch. Der Trick des 2-Minuten-Gesprächs hilft dir, Informationen schnell und effizient zu vermitteln, ohne in lange Gespräche abzudriften.

Warum das funktioniert:
Kurze und fokussierte Gespräche, die maximal zwei Minuten dauern, helfen, Missverständnisse zu vermeiden und schnell auf den Punkt zu kommen. Es ist eine Technik, die besonders im Team-Alltag oder bei ad-hoc-Gesprächen effektiv ist.

So setzt du es um:

Bereite dich auf Gespräche vor, indem du dir vorher klar machst, was du mitteilen möchtest.

Halte dich kurz und konzentriere dich auf die wichtigsten Informationen.

Frage am Ende: „Gibt es noch Fragen oder Klarstellungen, die nötig sind?" So stellst du sicher, dass alle Beteiligten die Nachricht verstanden haben.

Mit dieser Technik sparst du Zeit und vermeidest unnötig lange Unterhaltungen, die den Arbeitsfluss unterbrechen.

Hack 28: „Technik-Sabbat" – Digitale Pausen für mehr Kreativität

In einer Welt, die ständig vernetzt ist, verlieren wir oft den Blick für das Wesentliche. Ein regelmäßiger Technik-Sabbat – ein geplanter Zeitraum, in dem du alle digitalen Geräte abschaltest – hilft dir, mental abzuschalten und neue Energie zu tanken.

Warum das funktioniert:
Unsere Gehirne sind oft überlastet von ständigen Benachrichtigungen, Mails und Social Media. Ein bewusster „Technik-Sabbat" – sei es für ein paar Stunden oder einen ganzen Tag – gibt dir die Möglichkeit, dich zu regenerieren, kreative Ideen zu entwickeln und dich wieder mit deinen Gedanken zu verbinden.

So setzt du es um:

Wähle einen regelmäßigen Zeitraum (z. B. Sonntagnachmittag oder eine Stunde pro Tag), in dem du komplett auf digitale Geräte verzichtest.

Nutze diese Zeit für Aktivitäten, die dich entspannen und regenerieren – Spaziergänge, Lesen oder Zeit mit Familie und Freunden.

Lass diese Pausen zur Routine werden, um langfristig ein ausgeglichenes Verhältnis zur Technik zu entwickeln.

Ein geplanter Technik-Sabbat hilft dir, deine Kreativität zu steigern und wieder bewusster zu leben – ohne ständige digitale Ablenkungen.

Hack 29: „Der Fünf-Satz-Plan" – Effizientes Schreiben von E-Mails

E-Mails können zu wahren Zeitfressern werden, wenn wir uns in langen Nachrichten verlieren. Der Fünf-Satz-Plan ist eine einfache Regel, die dir hilft, E-Mails auf den Punkt zu bringen und schnell Antworten zu erhalten.

Warum das funktioniert:
Lange E-Mails werden oft überflogen oder ignoriert. Mit kurzen, prägnanten Nachrichten erhöhst du die Wahrscheinlichkeit, dass deine E-Mails gelesen und beantwortet werden, und sparst dabei Zeit für dich und den Empfänger.

So setzt du es um:

Schreibe E-Mails, die aus maximal fünf Sätzen bestehen.

Sei klar und direkt: Was möchtest du vom Empfänger? Welche Informationen sind notwendig?

Vermeide unnötige Details und lange Erklärungen – komm direkt auf den Punkt.

Diese Technik hilft dir, deine Kommunikation effizienter zu gestalten und die Antwortzeiten auf E-Mails zu verkürzen.

Hack 30: „10-Minuten-Notizbuch" – Ideen und Aufgaben festhalten

Der Alltag eines Managers ist oft hektisch, und viele gute Ideen oder wichtige Gedanken gehen im Trubel verloren. Mit dem 10-Minuten-Notizbuch fängst du alles ein, was dir wichtig ist, ohne es später zu vergessen.

Warum das funktioniert:
Indem du dir jeden Tag 10 Minuten Zeit nimmst, um Ideen, Aufgaben oder Gedanken aufzuschreiben, schaffst du dir mentalen Raum und vergisst nichts mehr. Es ist eine einfache, aber wirkungsvolle Methode, um fokussiert zu bleiben.

So setzt du es um:

Halte jeden Tag 10 Minuten inne, um deine Gedanken in einem Notizbuch zu sammeln. Das können Ideen, To-Dos, Fragen oder Reflexionen sein.

Überprüfe deine Notizen am Ende der Woche und filtere die wichtigsten Punkte heraus, die du weiterverfolgen willst.

Nutze ein einfaches Notizbuch oder digitale Tools wie Evernote oder OneNote.

Das tägliche Festhalten deiner Gedanken sorgt für mehr Klarheit und Struktur in deinem Arbeitsalltag.

Hack 31: „Kurze Status-Meetings" – Effizienz im Team steigern

Zu lange Meetings kosten wertvolle Zeit, die besser in produktive Arbeit investiert werden könnte. Kurze Status-Meetings, auch „Stand-up-Meetings" genannt, helfen, dass Teams sich schnell abstimmen und sofort zu den wichtigen Aufgaben übergehen.

Warum das funktioniert:
Indem Status-Meetings auf 10-15 Minuten begrenzt werden und im Stehen stattfinden, förderst du Effizienz und zielgerichtete Kommunikation. Jeder kommt schnell auf den Punkt, und die Meeting-Kultur wird dynamischer und weniger zeitaufwendig.

So setzt du es um:

Begrenze das Status-Meeting auf maximal 15 Minuten und halte es im Stehen ab, um die Kommunikation kurz und prägnant zu halten.

Jeder Teilnehmer berichtet in maximal einer Minute über seine aktuellen Aufgaben, Erfolge und Herausforderungen.

Vermeide detaillierte Diskussionen im Meeting – verschiebe diese auf gesonderte Termine, die nur die Betroffenen einbeziehen.

Mit kurzen Status-Meetings sparst du wertvolle Zeit und stellst sicher, dass dein Team gut informiert und koordiniert ist, ohne stundenlange Meetings.

Hack 32: „Die 3x3-Regel" – Prioritäten setzen für den Tag

Eine der häufigsten Herausforderungen im Berufsalltag ist es, Prioritäten richtig zu setzen. Die 3x3-Regel hilft dir, jeden Tag mit einem klaren Fokus auf deine wichtigsten Aufgaben zu starten.

Warum das funktioniert:
Anstatt sich von einer endlosen To-Do-Liste überwältigen zu lassen, setzt die 3x3-Regel den Fokus auf nur drei Aufgaben pro Tag, die du wirklich erledigen musst. Dadurch bleibst du fokussiert und beendest deinen Tag mit einem Gefühl der Erfüllung.

So setzt du es um:

Schreibe am Morgen die drei wichtigsten Aufgaben auf, die du heute unbedingt erledigen willst.

Setze dir außerdem drei kleinere Aufgaben, die du, wenn möglich, angehen kannst, aber die weniger dringend sind.

Sobald du die großen Aufgaben erledigt hast, kannst du dich den kleineren Aufgaben widmen.

Mit der 3x3-Regel bleibst du strukturiert und verlierst dich nicht im Detail – so erledigst du das, was wirklich zählt.

Hack 33: „Die 5-4-3-2-1-Methode" – Entscheidungsfreudigkeit fördern

Entscheidungen zu treffen ist oft schwieriger, als es sein sollte, vor allem wenn der Druck hoch ist. Die 5-4-3-2-1-Methode ist eine einfache Technik, um deine Entscheidungsfindung zu beschleunigen und dich aus dem Grübeln zu befreien.

Warum das funktioniert:
Die Methode, die von der Motivationspsychologin Mel Robbins populär gemacht wurde, hilft, impulsiv und gleichzeitig entschlossen zu handeln, ohne sich in zu viel Analyse zu verlieren. Dadurch kannst du schnelle, aber fundierte Entscheidungen treffen.

So setzt du es um:

Zähle von 5 rückwärts: „5-4-3-2-1". Sobald du bei 1 angekommen bist, triff deine Entscheidung ohne zu zögern.

Setze die Entscheidung sofort um, ohne weiter darüber nachzudenken.

Nutze diese Technik bei kleineren und mittelgroßen Entscheidungen, um schneller und klarer voranzukommen.

Die 5-4-3-2-1-Methode hilft dir, Entscheidungsprozesse zu beschleunigen und dich auf deine Instinkte zu verlassen, statt dich von unnötigen Bedenken aufhalten zu lassen.

Hack 34: „Weekly Review" – Wochenrückblick für mehr Klarheit

Der Weekly Review ist eine bewährte Methode, um jede Woche innezuhalten und deine Fortschritte zu reflektieren. Diese Technik hilft dir, zu überprüfen, was gut lief, was besser hätte laufen können und wie du deine kommende Woche planen möchtest.

Warum das funktioniert:
Ein regelmäßiger Wochenrückblick ermöglicht es dir, Erfolge zu feiern, Fehler zu identifizieren und aus ihnen zu lernen. Indem du bewusst reflektierst, kannst du dich besser auf deine langfristigen Ziele ausrichten und deine Wochenplanung optimieren.

So setzt du es um:

Blockiere jeden Freitag oder Sonntag 20–30 Minuten, um die vergangene Woche zu reflektieren.

Stelle dir drei Fragen:

Was habe ich erreicht?

Was lief nicht so gut und warum?

Was möchte ich nächste Woche anders machen?

Setze klare Ziele für die kommende Woche und plane deine wichtigsten Prioritäten.

Mit dem Weekly Review bleibst du proaktiv, anstatt auf Krisen zu reagieren, und hast immer eine klare Vorstellung davon, wo du stehst und wohin du willst.

Seite

Hack 35: „Kostenfreie Tools nutzen" – Effektive Alternativen zu teuren Softwarelösungen

Es gibt zahlreiche kostenfreie Alternativen zu den beliebten, aber oft teuren Softwarelösungen. Die Nutzung dieser kostenfreien Tools kann dir erhebliche Kosten einsparen, ohne dass du dabei auf Funktionalität verzichten musst.

Warum das funktioniert:
Viele kostenfreie Tools bieten ähnliche Funktionen wie ihre teuren Konkurrenten. Gerade für kleinere Teams oder Start-ups reichen diese oft aus, um produktiv zu arbeiten, bis die finanziellen Mittel für größere Investitionen vorhanden sind.

So setzt du es um:

Für Kommunikation: Nutze Tools wie Slack (kostenfrei) für Teamkommunikation oder Zoom (kostenfreie Version) für Videokonferenzen.

Projektmanagement: Verwende Trello (kostenfrei) oder Asana (kostenfreie Version) für die Organisation von Aufgaben und Projekten.

Buchhaltung und Finanzen: Tools wie Wave Accounting bieten kostenfreie Buchhaltungssoftware für kleinere Unternehmen.

Durch den Einsatz dieser Tools kannst du die Betriebskosten gering halten und trotzdem produktiv arbeiten.

Hack 36: „Kleine Fixkosten eliminieren" – Regelmäßige Kostenüberprüfung

Viele Unternehmen haben über die Jahre hinweg kleine, wiederkehrende Fixkosten aufgebaut, die oft übersehen werden, aber sich schnell summieren. Eine regelmäßige Überprüfung und Eliminierung unnötiger Fixkosten kann erhebliche Einsparungen bringen.

Warum das funktioniert:
Gerade kleine Ausgaben, die unbemerkt bleiben (wie Abos, Softwarelizenzen oder Servicegebühren), können im Laufe der Zeit große Summen ausmachen. Indem du diese Kosten regelmäßig prüfst und unnötige Abos oder Ausgaben streichst, senkst du deine Betriebskosten.

So setzt du es um:

Erstelle eine Liste aller monatlichen oder jährlichen Abos und Dienstleistungen, die du bezahlst.

Überprüfe jede Ausgabe: Nutzt du dieses Tool oder diesen Service noch regelmäßig? Wenn nein, kündige es.

Setze dir einen regelmäßigen Termin (alle 3 Monate), um Fixkosten zu überprüfen und nach Einsparungsmöglichkeiten zu suchen.

Durch das konsequente Streichen unnötiger Fixkosten kannst du oft überraschend große Einsparungen erzielen, ohne dass es den Geschäftsbetrieb beeinträchtigt.

Hack 37: „Remote Work optimieren" – Bürokosten einsparen

Mit der zunehmenden Akzeptanz von Remote-Arbeit kannst du Bürokosten erheblich senken, indem du deinen Mitarbeitern mehr Flexibilität beim Arbeiten von zu Hause aus ermöglichst. Weniger Bürofläche, geringere Nebenkosten und eine höhere Mitarbeiterzufriedenheit können dein Unternehmen effizienter und kostensparender machen.

Warum das funktioniert:
Mitarbeiter, die von zu Hause aus arbeiten, benötigen weniger Bürofläche und sparen dadurch Kosten für Miete, Ausstattung und Nebenkosten. Gleichzeitig kann die Möglichkeit zur Remote-Arbeit zu höherer Produktivität und Mitarbeiterzufriedenheit führen.

So setzt du es um:

Prüfe, ob es sinnvoll ist, dein Büro zu verkleinern oder sogar ganz auf ein Coworking-Modell umzusteigen.

Nutze Cloud-basierte Lösungen (wie Google Workspace oder Microsoft Teams) für eine reibungslose Zusammenarbeit und Kommunikation im Remote-Betrieb.

Überwache die Produktivität deines Teams und passe die Remote-Arbeitsregelungen flexibel an.

Durch optimierte Remote-Work-Strategien kannst du nicht nur Kosten sparen, sondern auch moderne Arbeitsmodelle schaffen, die deinen Mitarbeitern mehr Flexibilität bieten.

Hack 38: „Outsourcing kleiner Aufgaben" – Zeit und Geld sparen

Nicht jede Aufgabe in deinem Unternehmen muss intern erledigt werden. Outsourcing kann eine kostengünstige Möglichkeit sein, kleinere oder spezialisierte Aufgaben von externen Fachleuten erledigen zu lassen, ohne einen Vollzeitmitarbeiter einzustellen.

Warum das funktioniert:
Durch das Outsourcing von Aufgaben wie Buchhaltung, Grafikdesign, Social Media oder Content-Erstellung kannst du oft spezialisierte Dienstleistungen in Anspruch nehmen, ohne die langfristigen Kosten eines festen Mitarbeiters zu tragen. Gleichzeitig wird dein Team entlastet und kann sich auf die Kernaufgaben konzentrieren.

So setzt du es um:

Identifiziere wiederkehrende, aber nicht geschäftskritische Aufgaben, die ausgelagert werden können.

Nutze Plattformen wie Upwork, Fiverr oder Freelancer, um qualifizierte Fachleute für spezifische Aufgaben zu finden.

Outsource auftragsbezogen und vergleiche Preise, um das beste Angebot zu finden.

Mit Outsourcing kannst du sowohl Zeit als auch Kosten sparen und sicherstellen, dass spezialisierte Arbeiten von Profis erledigt werden.

Hack 39: „Eigenverbrauch analysieren" – Ressourcen effizienter nutzen

Viele Unternehmen verschwenden Ressourcen, ohne es zu merken. Eine regelmäßige Analyse des Eigenverbrauchs hilft dir, Einsparpotenziale zu entdecken und Ressourcen effizienter zu nutzen.

Warum das funktioniert:
Durch die Überprüfung des Verbrauchs von Ressourcen wie Strom, Wasser, Büromaterialien oder Softwarelizenzen kannst du kostspielige Verschwendungen aufdecken. Diese kleine Maßnahme kann langfristig zu erheblichen Einsparungen führen, besonders wenn der Ressourcenverbrauch reduziert oder optimiert wird.

So setzt du es um:

Führe eine Analyse durch, welche Ressourcen du regelmäßig nutzt (z. B. Strom, Papier, Druckertinte, Software-Abos).

Identifiziere Bereiche, in denen es Einsparpotenziale gibt, wie z. B. unnötiges Drucken, überdimensionierte Serverleistungen oder zu viele Lichtquellen im Büro.

Setze Optimierungen um: Reduziere den Energieverbrauch durch energieeffiziente Geräte, nutze Cloud-basierte Systeme oder optimiere den Bürobedarf.

Eine regelmäßige Überprüfung deines Ressourcenverbrauchs führt zu langfristigen Kostensenkungen, ohne dass die Effizienz darunter leidet.

Hack 40: „Kostenlose Weiterbildungsmöglichkeiten" – Sparen bei der Personalentwicklung

Mitarbeiterweiterbildung ist wichtig, aber oft mit hohen Kosten verbunden. Viele Unternehmen übersehen dabei die Vielzahl an kostenlosen Weiterbildungsressourcen, die online verfügbar sind. Mit diesen Möglichkeiten kannst du deine Mitarbeiter fördern, ohne große Ausgaben zu tätigen.

Warum das funktioniert:
Es gibt eine wachsende Zahl an hochwertigen, kostenlosen Online-Kursen und Webinaren, die von renommierten Universitäten und Plattformen angeboten werden. Mitarbeiter können sich so in wichtigen Bereichen weiterentwickeln, ohne dass dein Unternehmen teure Schulungen oder Seminare bezahlen muss.

So setzt du es um:

Nutze Plattformen wie Coursera, edX oder Google Skillshop, die viele kostenlose Kurse in Bereichen wie Marketing, Programmierung oder Management anbieten.

Ermutige deine Mitarbeiter, sich in Eigenregie weiterzubilden.

Organisiere interne „Learning Hours", bei denen Mitarbeiter ihre neuen Fähigkeiten dem Team präsentieren.

Durch die Nutzung kostenloser Weiterbildungsmöglichkeiten förderst du das Wachstum deines Teams und sparst gleichzeitig hohe Schulungskosten.

Hack 41: „Mikropausen einbauen" – Erhalte deine Energie den ganzen Tag über

Mikropausen sind kurze Pausen von nur 1–2 Minuten, die während des Arbeitstages eingebaut werden. Sie helfen, deine Energie aufrechtzuerhalten und deine Konzentration wiederherzustellen.

Warum das funktioniert:
Regelmäßige, kurze Unterbrechungen der Arbeit steigern die Produktivität, da dein Gehirn Zeit hat, sich zu erholen. Sie verhindern Ermüdung und lassen dich frischer und fokussierter an deine Aufgaben zurückkehren.

So setzt du es um:

Nach jeder Arbeitsstunde nimmst du dir eine 1–2-minütige Pause. Du kannst dabei aufstehen, die Augen schließen oder dich kurz strecken.

Nutze Erinnerungs-Apps oder einfache Timer, um dich an deine Mikropausen zu erinnern.

Vermeide es, in diesen kurzen Pausen auf dein Handy zu schauen oder E-Mails zu checken – stattdessen solltest du etwas tun, das deinem Körper und Geist eine echte Pause bietet.

Mit Mikropausen kannst du deine Produktivität und Kreativität den ganzen Tag über auf einem hohen Niveau halten, ohne dass du dabei erschöpft bist.

Hack 42: „Frühere Arbeitszeiten nutzen" – Nutze die ruhigen Stunden für Fokusarbeit

Viele Führungskräfte und Unternehmer haben gemerkt, dass die frühen Morgenstunden, bevor der Arbeitstag offiziell beginnt, oft die produktivsten Stunden sind. Diese ruhigen Stunden bieten dir die Gelegenheit, ungestört an wichtigen Aufgaben zu arbeiten.

Warum das funktioniert:
In den frühen Morgenstunden gibt es weniger Ablenkungen durch Anrufe, E-Mails oder Meetings. Dein Geist ist frisch, und du kannst dich voll und ganz auf deine wichtigste Aufgabe konzentrieren, bevor der Rest des Tages dich in Beschlag nimmt.

So setzt du es um:

Plane, eine Stunde vor deiner üblichen Arbeitszeit mit der Arbeit zu beginnen. Nutze diese Zeit, um deine wichtigste Aufgabe des Tages zu erledigen.

Schalte alle Benachrichtigungen aus und fokussiere dich nur auf eine einzige Aufgabe.

Mache diese Morgenroutine zu einem festen Bestandteil deines Tages und genieße die Ruhe und Konzentration, bevor der Trubel des Arbeitstages beginnt.

Indem du die frühen Stunden nutzt, gewinnst du wertvolle, ungestörte Zeit für deine wichtigsten Projekte.

Hack 43: „Aktives Zuhören" – Effektiver kommunizieren im Team

Oft neigen wir dazu, während eines Gesprächs schon darüber nachzudenken, was wir als Nächstes sagen wollen, anstatt wirklich zuzuhören. Aktives Zuhören verbessert deine Kommunikation und sorgt dafür, dass du die Anliegen deines Gegenübers besser verstehst.

Warum das funktioniert:
Aktives Zuhören schafft Vertrauen und sorgt dafür, dass du die volle Aufmerksamkeit auf dein Gegenüber lenkst. Dies führt zu klareren Botschaften und reduziert Missverständnisse, was besonders in Teams und bei Verhandlungen hilfreich ist.

So setzt du es um:

Schaue deinem Gegenüber während des Gesprächs direkt in die Augen und konzentriere dich voll und ganz auf das, was gesagt wird.

Wiederhole in deinen eigenen Worten, was du gehört hast, um sicherzustellen, dass du es richtig verstanden hast: „Wenn ich das richtig verstehe, sagst du..."

Stelle Rückfragen, um Unklarheiten zu beseitigen, und lasse den anderen zuerst ausreden, bevor du deine eigene Meinung einbringst.

Durch aktives Zuhören wirst du deine Kommunikation im Team oder mit Geschäftspartnern verbessern und gleichzeitig ein besseres Arbeitsklima schaffen.

Hack 44: „Brainstorming in Bewegung" – Kreativität durch Bewegung steigern

Sitzende Brainstorming-Sitzungen können die Kreativität blockieren. Oft hilft es, in Bewegung zu kommen, um den Gedankenfluss anzuregen. Mit einem Brainstorming in Bewegung kannst du kreative Ideen freisetzen und Problemlösungen auf ganz neue Weise angehen.

Warum das funktioniert:
Studien zeigen, dass Bewegung die kognitiven Fähigkeiten verbessert. Gehen und andere Formen der leichten Bewegung fördern die Durchblutung des Gehirns und steigern die Kreativität. Indem du Meetings oder Brainstorming-Sitzungen „on the move" durchführst, entstehen oft bessere und originellere Ideen.

So setzt du es um:

Plane einen „Walking Meeting" oder ein „Steh-Brainstorming". Gehe mit deinem Team spazieren oder nutze Stehpulte, um die Gedanken in Bewegung zu bringen.

Nutze diese Zeit nicht für strukturierte Besprechungen, sondern für freies Brainstorming und Ideenaustausch.

Halte Notiztools oder Apps bereit, um spontane Ideen festzuhalten.

Durch Brainstorming in Bewegung kannst du die Energie und Kreativität deines Teams auf eine ganz neue Weise freisetzen.

Hack 45: „Keine Bildschirme vor Meetings" – Bessere Konzentration und Fokus

Vor Meetings verbringen viele Menschen Zeit am Computer oder Handy. Dies kann die Konzentration beeinträchtigen und es erschwert, im Meeting wirklich präsent zu sein. Mit der Regel „Keine Bildschirme vor Meetings" sorgst du für eine bessere Vorbereitung und mehr Fokus während des Treffens.

Warum das funktioniert:
Bildschirme, besonders Social Media und E-Mails, überfluten das Gehirn mit Informationen, die uns von der eigentlichen Aufgabe ablenken. Indem du dir eine bildschirmfreie Zeit vor Meetings gönnst, bist du mental klarer und besser auf das Meeting vorbereitet.

So setzt du es um:

Vermeide 10–15 Minuten vor dem Meeting jegliche Bildschirme – keine E-Mails, kein Handy, kein Computer.

Nutze diese Zeit, um über die Ziele des Meetings nachzudenken und dich mental auf die wichtigsten Themen vorzubereiten.

Ermutige auch dein Team, diese Regel zu befolgen, um fokussiertere Meetings zu ermöglichen.

Diese simple Regel hilft dir, mit klarem Kopf in Meetings zu gehen und effizienter zu kommunizieren.

Hack 46: „Die 5-5-5-Regel für Entscheidungen" – Klarheit gewinnen bei schwierigen Entscheidungen

Schwierige Entscheidungen können lähmend sein, besonders wenn man die Konsequenzen für die Zukunft nicht genau abschätzen kann. Die 5-5-5-Regel hilft dir, schneller Entscheidungen zu treffen, indem du die Auswirkungen deiner Wahl über drei Zeithorizonte hinweg betrachtest.

Warum das funktioniert:
Indem du überlegst, wie sich deine Entscheidung in 5 Minuten, 5 Monaten und 5 Jahren auswirkt, gewinnst du Klarheit darüber, welche Konsequenzen wirklich entscheidend sind. Oft wirkt eine Entscheidung im Moment sehr groß, hat aber langfristig wenig Bedeutung – oder umgekehrt.

So setzt du es um:

Wenn du vor einer schwierigen Entscheidung stehst, frage dich:

Welche Auswirkungen hat diese Entscheidung in den nächsten 5 Minuten?

Welche Auswirkungen hat sie in 5 Monaten?

Welche Auswirkungen hat sie in 5 Jahren?

Anhand dieser Überlegungen kannst du abschätzen, ob die Entscheidung langfristig bedeutend ist oder nur im Moment wichtig erscheint.

Treffe deine Wahl basierend auf der Langzeitperspektive.

Hack 47: „Die 10-80-10-Regel" – Effektive Delegation im Team

Delegieren ist eine der wichtigsten Fähigkeiten für Führungskräfte, doch oft fällt es schwer, Aufgaben wirklich loszulassen. Die 10-80-10-Regel gibt dir einen klaren Rahmen, um Aufgaben effektiv an dein Team zu delegieren, ohne die Kontrolle zu verlieren oder in Mikromanagement zu verfallen.

Warum das funktioniert:
Diese Regel besagt, dass du 10% der Zeit damit verbringst, die Aufgabe zu definieren und die Richtung vorzugeben, 80% der Zeit überlässt du dem Team, um die Arbeit zu erledigen, und in den letzten 10% greifst du wieder ein, um Feedback zu geben und sicherzustellen, dass das Ergebnis stimmt.

So setzt du es um:

10% Anfang: Erkläre klar und präzise die Aufgabe und das gewünschte Ergebnis. Stelle sicher, dass dein Team die Vision versteht.

80% Umsetzung: Lass dein Team die Aufgabe ausführen, ohne ständig einzugreifen. Gib ihnen den Raum, selbst Lösungen zu finden und ihre Arbeit zu organisieren.

10% Abschluss: Greife am Ende der Aufgabe wieder ein, um Feedback zu geben, Korrekturen vorzunehmen und das Ergebnis zu finalisieren.

Mit der 10-80-10-Regel kannst du dein Team stärken, indem du Verantwortung übergibst, während du gleichzeitig sicherstellst, dass das gewünschte Ergebnis erreicht wird.

Hack 48: „Themen-Tage" – Fokus auf einen Aufgabenbereich pro Tag

Im hektischen Arbeitsalltag sind wir oft gezwungen, zwischen verschiedenen Themen und Projekten zu springen. Das führt dazu, dass wir uns oft zerstreut und weniger produktiv fühlen. Mit den Themen-Tagen schaffst du klare Fokustage, an denen du dich nur auf einen Aufgabenbereich konzentrierst.

Warum das funktioniert:
Themen-Tage ermöglichen dir, tief in einen Bereich einzutauchen, ohne ständig den Kontext wechseln zu müssen. Indem du deine Woche thematisch aufteilst, steigerst du deine Effizienz und gehst Aufgaben mit mehr Klarheit und Fokus an.

So setzt du es um:

Plane deinen Kalender so, dass du jedem Wochentag einen bestimmten Aufgabenbereich zuordnest (z. B. Montag: Strategie, Dienstag: Finanzen, Mittwoch: Kundenmanagement).

Nutze diese Tage, um alle relevanten Aufgaben für diesen Bereich zu bearbeiten und auf andere Themen zu verzichten.

Halte dich strikt an den Plan und vermeide, an Themen zu arbeiten, die nicht in das Schema des Tages passen.

Themen-Tage helfen dir, den ständigen Wechsel zwischen Aufgaben zu minimieren und tiefere Arbeit an einem Thema zu ermöglichen.

Hack 49: „Der 2-Minuten-Rückruf" – Effiziente Kommunikation bei Anrufen

Telefonanrufe, vor allem unerwartete, können schnell die Arbeitszeit unterbrechen und mehr Zeit in Anspruch nehmen, als nötig wäre. Mit dem 2-Minuten-Rückruf setzt du einen klaren Rahmen für kürzere, effizientere Telefonate.

Warum das funktioniert:
Viele Anrufe, besonders kurze Rückfragen, können in wenigen Minuten geklärt werden, ziehen sich aber oft in die Länge. Indem du im Voraus signalisierst, dass du nur wenig Zeit hast, kannst du die Kommunikation effizienter gestalten und trotzdem das Wichtigste klären.

So setzt du es um:

Rufe deine Kontaktperson zurück und beginne das Gespräch mit: „Ich habe nur zwei Minuten, aber ich wollte das kurz mit dir klären..."

Stelle sicher, dass du das Hauptthema des Gesprächs direkt ansprichst und fokussiere dich auf die Lösung oder die nächste Handlung.

Beende das Gespräch nach maximal zwei Minuten, indem du die nächsten Schritte klar kommunizierst.

Der 2-Minuten-Rückruf hilft dir, Anrufe kurz und präzise zu halten, ohne den Arbeitsfluss zu stark zu unterbrechen.

Hack 50: „Der 1%-Besser-Ansatz" – Kontinuierliche Verbesserung durch kleine Schritte

Der ultimative Hack, um langfristig erfolgreich zu sein, basiert auf einer einfachen, aber kraftvollen Idee: Jeden Tag nur 1% besser zu werden. Kleine, konsequente Verbesserungen summieren sich über die Zeit zu enormen Erfolgen – sowohl persönlich als auch beruflich.

Warum das funktioniert:
Es ist leicht, von großen Zielen und radikalen Veränderungen überwältigt zu werden. Der 1%-Besser-Ansatz bricht diesen Druck auf und macht Fortschritt überschaubar und machbar. Jeden Tag ein kleines Stück besser zu werden, führt auf lange Sicht zu außergewöhnlichen Ergebnissen – ohne, dass es überwältigend wird.

So setzt du es um:

Setze dir jeden Tag ein kleines Ziel, das dich um 1% verbessert. Es kann so einfach sein wie das Erlernen einer neuen Tastenkombination, das Optimieren eines Prozesses oder das Verbessern einer Gewohnheit.

Führe ein „1%-Besser-Tagebuch", in dem du täglich aufschreibst, was du heute besser gemacht hast. Es kann sich um persönliche Fortschritte, geschäftliche Prozesse oder deine Kommunikation handeln.

Schaue am Ende jeder Woche oder jeden Monats auf deine Fortschritte zurück und genieße, wie viele kleine Erfolge sich zu großen Veränderungen summiert haben.

Denke daran: 1% mag anfangs nicht viel erscheinen, aber wenn du jeden Tag konsequent kleine Verbesserungen machst, wirst du bald große Veränderungen bemerken. Erfolg ist kein einmaliger Sprung – er ist das Ergebnis stetiger, kleiner Schritte.

Der letzte Gedanke: Der 1%-Besser-Ansatz erinnert uns daran, dass Erfolg kein einmaliges Ziel ist, sondern ein stetiger Prozess. Mit den Life Hacks aus diesem Buch hast du das Rüstzeug, deinen Business-Alltag smarter und effizienter zu gestalten. Wenn du jeden Tag nur ein wenig besser wirst, wird aus diesen kleinen Verbesserungen ein starkes Fundament für langfristigen Erfolg.

Der Schlüssel liegt darin, dranzubleiben. Setze dir heute das Ziel, 1% besser zu werden – und morgen genauso.

Bald wirst du sehen, dass diese kleinen Schritte dein berufliches und persönliches Leben auf eine Weise transformieren, die du dir heute vielleicht noch nicht vorstellen kannst!

www.ingramcontent.com/pod-product-compliance
Lightning Source LLC
Chambersburg PA
CBHW030511220526
45464CB00006B/2754